Impressum
Verlag: BABADADA GmbH, Nedderfeld 112 , 22529 Hamburg
Geschäftsführer / Verlagsleitung: Harald Hof
Druck: Books on Demand GmbH, In de Tarpen 42, 22848 Norderstedt

Imprint
Publisher: BABADADA GmbH, Nedderfeld 112 , 22529 Hamburg, Germany
Managing Director / Publishing direction: Harald Hof
Print: Books on Demand GmbH, In de Tarpen 42, 22848 Norderstedt

school

dibistan

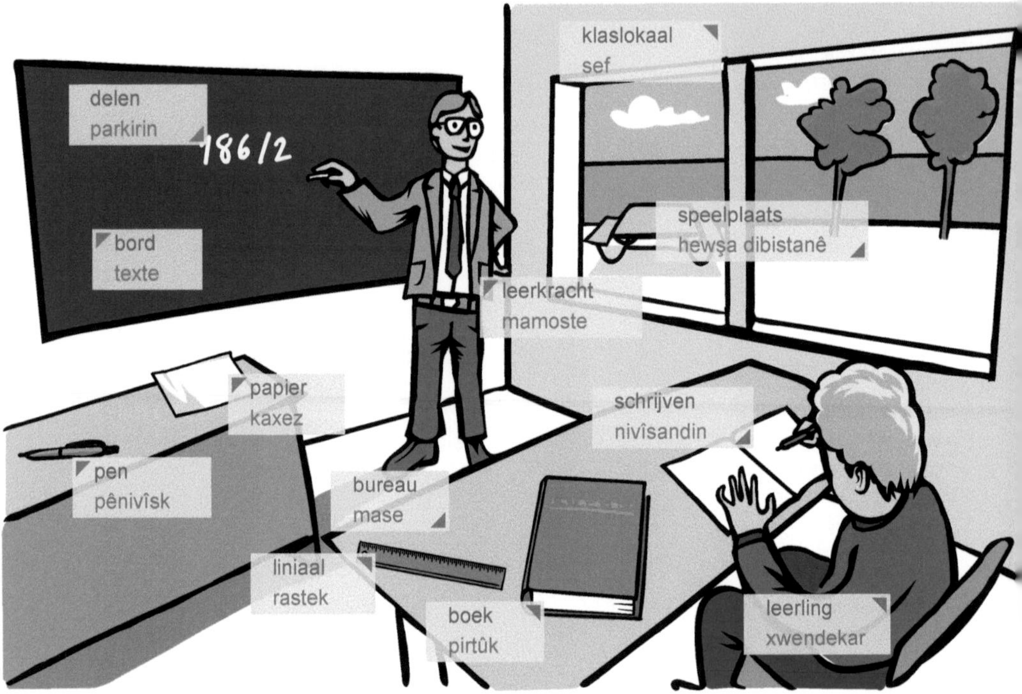
klaslokaal
sef
delen
parkirin
186/2
bord
texte
speelplaats
hewşa dibistanê
leerkracht
mamoste
papier
kaxez
schrijven
nivîsandin
pen
pênivîsk
bureau
mase
liniaal
rastek
boek
pirtûk
leerling
xwendekar

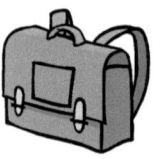

schooltas

çewal

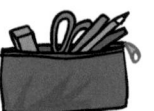

pennenzak

qûtî nivîstok

potlood

qelemrisas

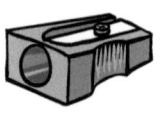

puntenslijper

nivîstok tûjkir

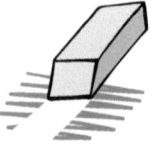

gom

jêbir

tekenblok

nivîska nîgarê

tekening
nîgar

verfborstel
firçeya rengê

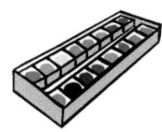

verfdoos
qûtî reng

schaar
meqes

lijm
lezaq

werkboek
pirtûka fêrbûn

huiswerk
wezîfa malê

nummer
hejmar

optellen
zêdekirin

aftrekken
derxistin

vermenigvuldigen
zêdekirin

rekenen
hesibandin

letter
tîp

alfabet
alfabe

woord
peyv

tekst
nivîsê

Lezen
xwandin

krijt
geç

les
ders

klassenboek
qeydkirin

examen
îmtîhan

certificaat
şehade

schooluniform
kinca dibistanê

onderwijs
perwerdehî

encyclopedie
zanistname

universiteit
zanîngeh

microscoop
mîkroskûp

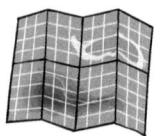

kaart
xerîte

papiermand
sepeta kaxezê

hotel
mêvanxane

jeugdherberg
mêvanxane

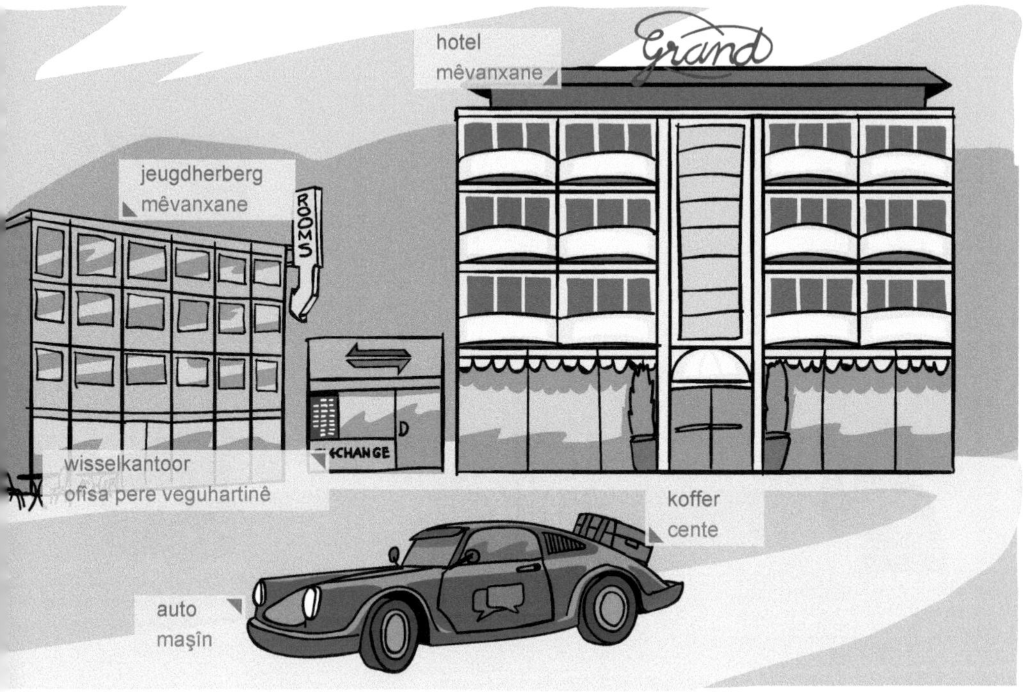

wisselkantoor
ofîsa pere veguhartinê

koffer
cente

auto
maşîn

		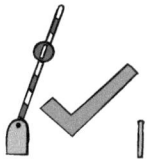
Taal	ja / nee	oké
ziman	belê / na	baş

hallo	vertaler	bedankt
silav	wergêra nivîskî	sipas

Hoeveel kost ...?

bihayê ... çi qase?

Ik begrijp het niet

ez fam nakim

probleem

pirsgirêk

Goedenavond!

êvarbaş!

Goedemorgen!

beyanî baş!

Goedenavond!

şev baş!

Tot ziens

xatirê te

richting

alî

bagage

hûrmûr

zak

çente

rugzak

çente pişt

gast

mêvan

kamer

ode

slaapzak

came xew

tent

çadir

toeristeninformatie

agagiyên gerokan

strand

rexê avê

kredietkaart

kartê qerzê

ontbijt

taştê

lunch

firavîn

avondeten

şîv

ticket

kart

lift

asansor

postzegel

pûl

grens

tixûb

douane

gumirk

ambassade

balyozxane

visum

vîza

paspoort

pasaport

transport
guhaztin

vliegtuig
firoke

schip
gemî

brandweerwagen
erebe agirkûj

bus
otobûs

vrachtwagen
kamyon

motorboot
papora matorê

fiets
duçerxe

auto
maşîn

veerboot
....
papor

boot
....
papor

motor
....
motorsîklêt

politiewagen
....
trimbêla polîsê

racewagen
....
trimbêla pêşbaziyê

huurauto
....
erebe kirêkirinê

carpoolen

maşîn pervekirin

sleepwagen

kamyona kişandinê

vuilniswagen

kamyona xwelî

motor

motorsîklêt

benzine

mazot

benzinestation

îstegeha benzînê

verkeersbord

tabloya tirafîkê

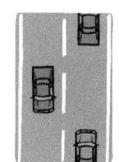

verkeer

hatinûçûn

file

tirafîk

parkeerplaats

cihê parkê

station

rawesteka trênê

sporen

rêç

trein

trên

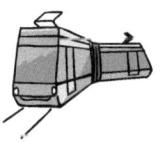

tram

trênê kolanê

wagon

erebe

helikopter

babirok

luchthaven

balafirgeh

toren

birc

passagier

misafir

container

qûtî

karton

qûtî

kar

girgirok

mand

selik

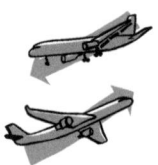

opstijgen / landen

rabûn / nîştin

stad

bajar

dorp

gund

stadscentrum

navenda bajarê

huis

xanî

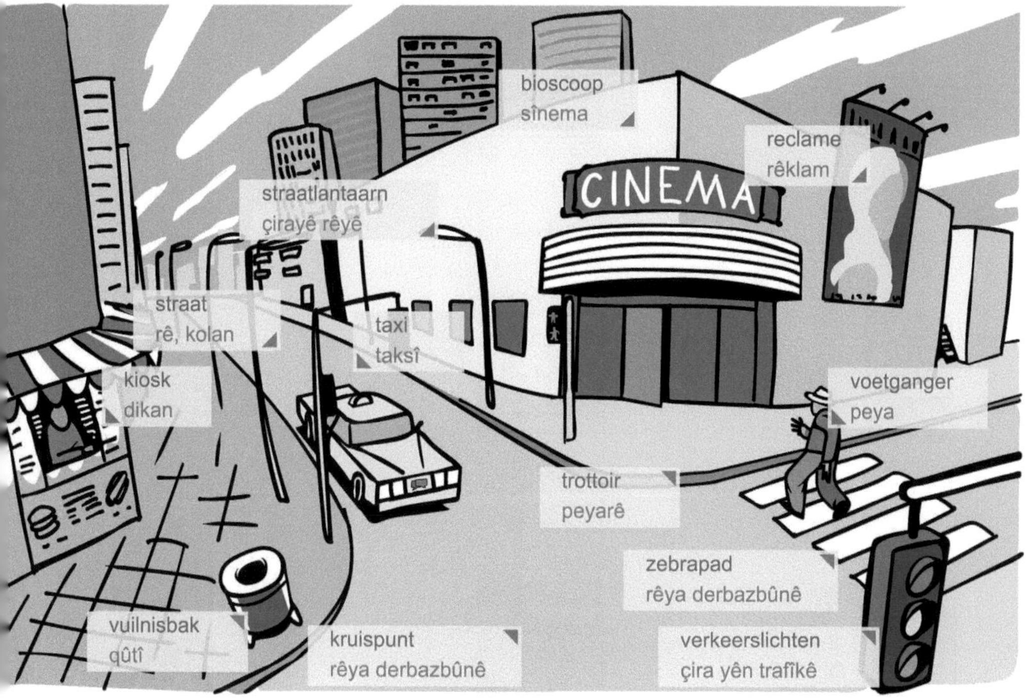

bioscoop
sînema

reclame
rêklam

straatlantaarn
çirayê rêyê

CINEMA

straat
rê, kolan

taxi
taksî

kiosk
dikan

voetganger
peya

trottoir
peyarê

zebrapad
rêya derbazbûnê

vuilnisbak
qûtî

kruispunt
rêya derbazbûnê

verkeerslichten
çira yên trafîkê

hut
kox

woning
xanî

station
rawesteka trênê

stadshuis
telara şarevanî

museum
mûzexane

school
dibistan

universiteit
zanîngeh

bank
bank

ziekenhuis
nexweşxane

hotel
mêvanxane

apotheek
dermanxane

kantoor
ofîs

boekwinkel
kitêbfiroşî

winkel
dikan

bloemenwinkel
gulfiroş

supermarkt
bazar

markt
bazar

warenhuis
supermarket

vishandelaar
masîfiroş

winkelcentrum
navenda kirrîn

haven
bender

park
park

bank
sekû

brug
pir

trap
derince

metro
jêr erdê

tunnel
tunnel

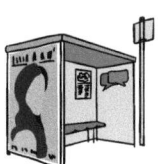

bushalte
îstgeha otobûs

bar
bar

restaurant
xwaringeh

brievenbus
sindûqa postê

straatnaambord
nîşanderka rêyê

parkeermeter
metra parkîngê

zoo
baxça heywanan

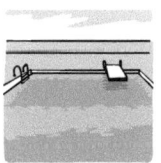

zwembad
hewza melevanî

moskee
mizgeft

boerderij
cotgeh

milieuverontreiniging
lewitandina derdor

kerkhof
goristan

kerk
kenîse

speelplaats
erdê leyistinê

tempel
perestgeh

landschap
tebîet

blad
gela

wegwijzer
nîşanderka rê

weg
rê

weide
mêrg

steen
kevir

boom
dar

wandelaar
gerok

rivier
çem

gras
giya

bloem
kulîlk

vallei
dol

heuvel
gir

meer
gol

bos
daristan

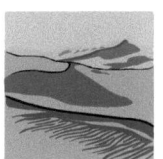

woestijn
beyaban

vulkaan
volkan

kasteel
keleh

regenboog
keskesor

paddenstoel
kivark

palmboom
darqesp

mug
mixmixk

vlieg
mêş

mier
mêrî

bijl
hing

spin
pîrê

kever

kêzik

kikker

beq

eekhoorn

sihor

egel

jîjok

haas

kerguh

uil

pepûk

vogel

çivîk

zwaan

qû

wild zwijn

berazê kovî

hert

pezkovî

eland

pezkovî

dam

bendav

windturbine

tûrbîna ba

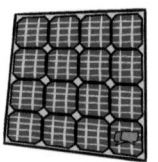

zonnepaneel

panela xorê

klimaat

av û hewa

restaurant
xwaringeh

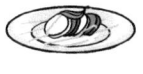

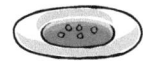

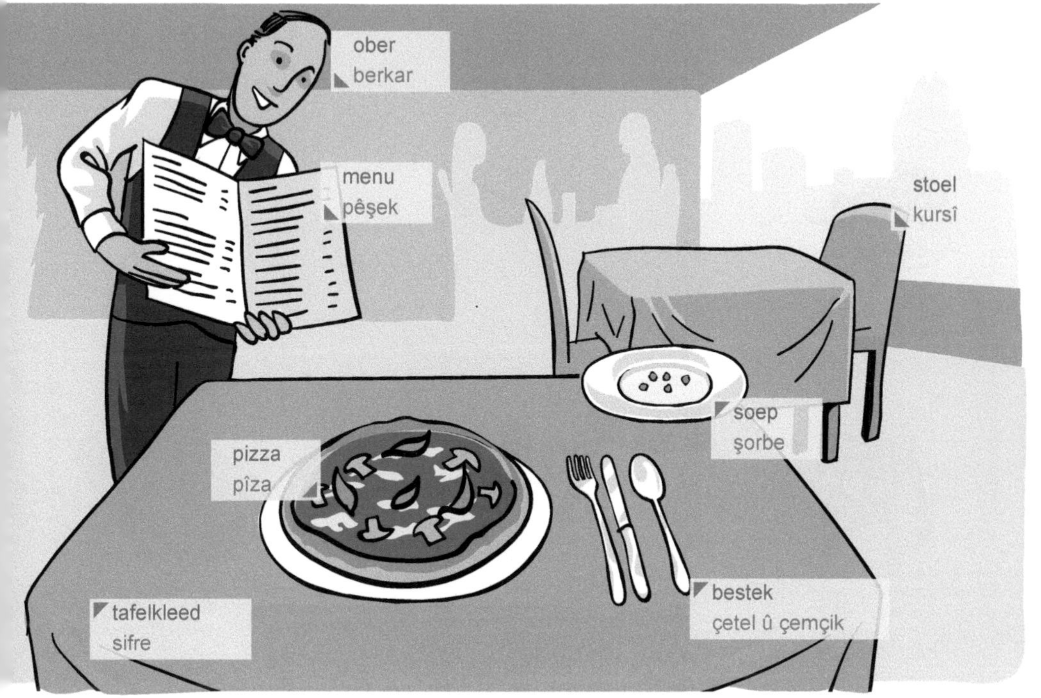

ober
berkar
menu
pêşek
stoel
kursî
soep
şorbe
pizza
pîza
bestek
çetel û çemçik
tafelkleed
sifre

voorgerecht

xwarina destpêk

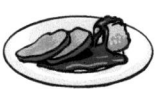

hoofdgerecht

xwarina serekî

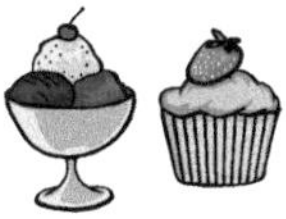

nagerecht

şêranî

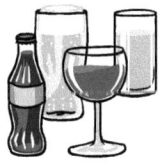

drankjes

vexwarinan

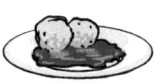

eten

xwarin

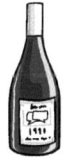

fles

cam

fastfood

xwarina lez

street food

xwarina rêyê

theepot

çaydanik

suikerpot

qûtî şekirê

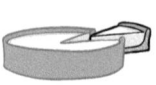

portie

beş

espressomachine

mekîna çêkirinê espresso

kinderstoel

kursiya bilînd

rekening

hesab

dienblad

sênî

mes

kêr

vork

çetel

lepel

kevçî

theelepel

kevçiya çay

serviette

pêşgir

glas

qedeh

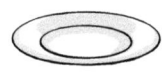

bord
teyfik

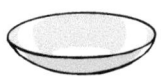

soepbord
teyfika şorbe

schoteltje
piyale

saus
çênc

zoutvatje
xwêdank

pepermolen
qûtî bîbar

azijn
sêk

olie
rûn

kruiden
biharat

ketchup
ketçap

mosterd
mustard

mayonaise
mayonêz

supermarkt

bazar

aanbieding
pêşkêşên taybet
klant
mişterî
zuivelproducten
şîremenî
FOR
fruit
fêkî
winkelwagen
erebe

BUTCHERS

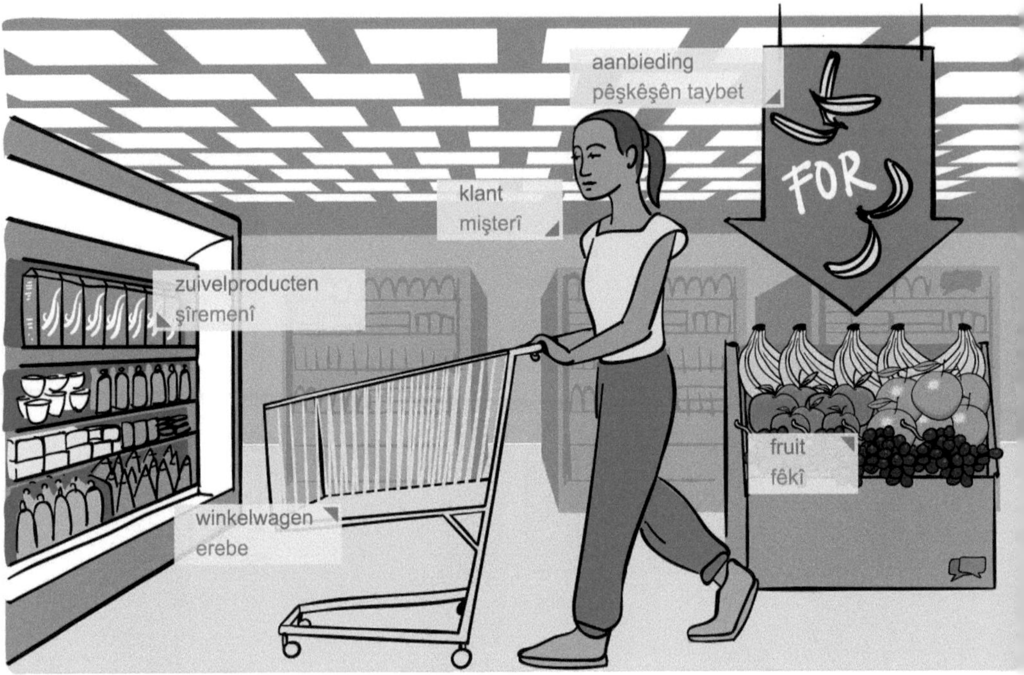

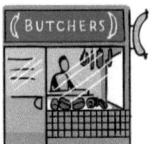

slagerij

qesabî

BAKERY

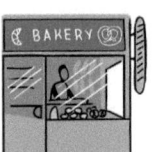

bakkerij

dikana nanpêj

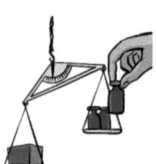

wegen

wezin kirin

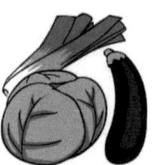

groenten

sebze

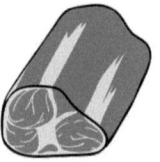

vlees

goşt

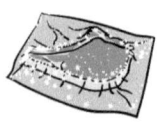

diepvriesvoedsel

xwarinê cemedî

charcuterie

goştê sar

conserven

xwarina pîlê

waspoeder

xubarê paqijkirinê

snoep

şirînî

huishoudproducten

berhemên navxweyî

schoonmaakproducten

berhemên paqijkirinê

verkoopster

firoşyar

kassa

xeznok

kassier

diravgir

boodschappenlijstje

lîsta kirrînê

openingstijden

demên vekirî

portefeuille

cizdan

kredietkaart

kartê qerzê

tas

çewal

plastieken zakje

çente

water

av

sap

şerbet

melk

şîr

cola

komir

wijn

şerab

bier

bîra

alcohol

alkol

cacao

kakwo

thee

çay

koffie

qehwe

espresso

espresso

cappuccino

kapoçîno

banaan

moz

appel

sêv

sinaasappel

pirteqalî

meloen

gundor

citroen

lîmon

wortel

gêzer

knoflook

sîr

bamboe

qamir

ajuin

pîvaz

champignon

qarçik

noten

gewîz

noodles

şihîre

spaghetti

spagêttî

rijst

birinc

salade

selete

frieten

çîps

gebakken aardappelen

peteteya biraştî

pizza

pîza

hamburger

hamburger

sandwich

nanok

kalfslapje

goştê stûyê berxî

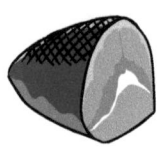

ham

goştê hişkkirî

salami

salamê

worst

sosîs

kip

mirîşk

braden

bijartin

vis

masî

havervlokken

şorbe bilûl

muesli

mûslî

cornflakes

kertên gilgilan

bloem

ard

croissant

croissant

pistolet

semûn

brood

nan

toast

tost

koekjes

nanik

boter

nivîşk

kwark

mast

taart

kulîçe

ei

hêk

spiegelei

hêka qelandî

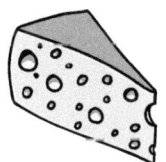

kaas

penîr

ijs

dondirme

suiker

şekir

honing

hingiv

confituur

mireba

choco

xameya nougat

curry

kurrî

boerderij
cotgeh

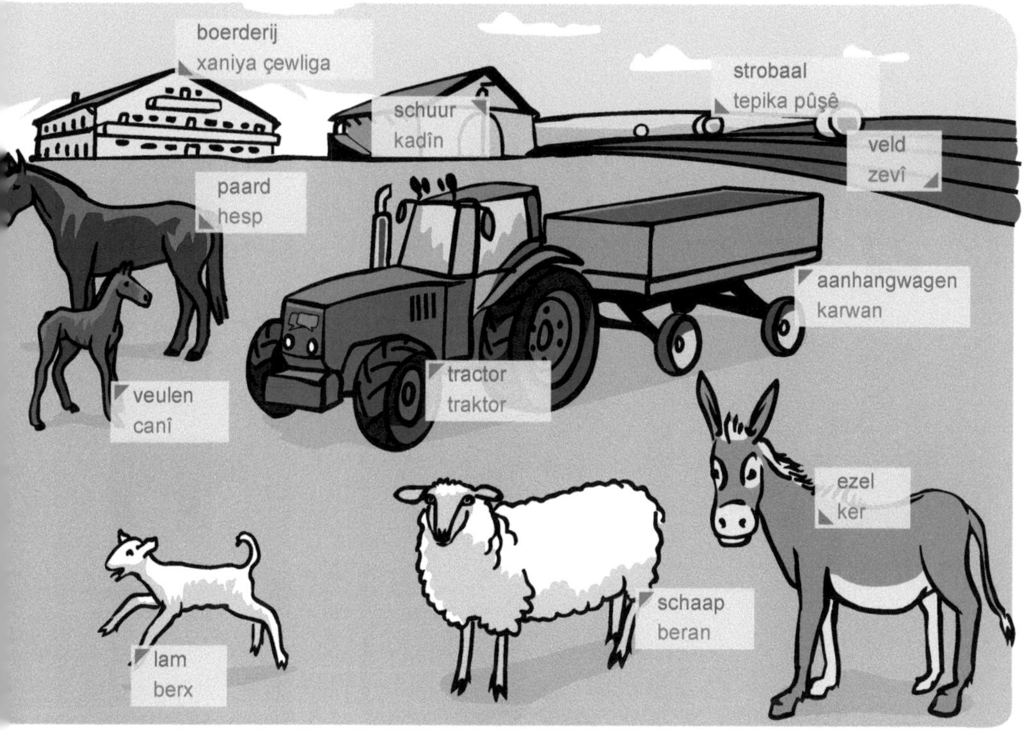
boerderij
xaniya çewliga
schuur
kadîn
strobaal
tepika pûşê
veld
zevî
paard
hesp
aanhangwagen
karwan
tractor
traktor
veulen
canî
ezel
ker
schaap
beran
lam
berx

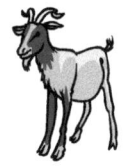

geit

bizin

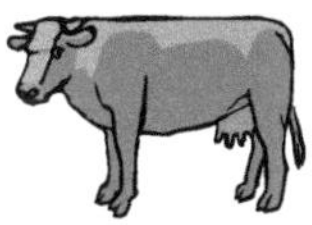

koe

çêlek

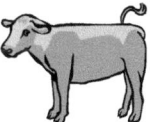

kalf

golik

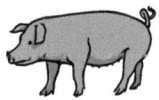

varken

beraz

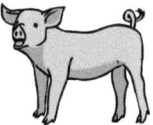

biggetje

xinzîrk

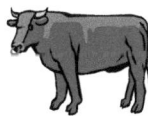

stier

boxe

gans

qaz

eend

miravî

kuiken

cûçik

kip

mirîşk

haan

keleşêr

rat

circ

kat

kitik

muis

mişk

os

ga

hond

kûçik

hondenhok

xaniya kûçikê

tuinslang

xanî baxê

gieter

qûtîka avdanê

zeis

şalûk

ploeg

gasin

sikkel
das

schoffel
merbêr

hooivork
darsapik

bijl
bivir

kruiwagen
destgere

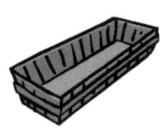

trog
qûtî xwarina candaran

melkkan
qûtî şîr

zak
tûr

hek
çeper

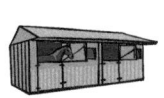

stal
axur

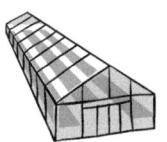

broeikas
xana kulîlkan

bodem
ax

zaad
dendik

mest
peyn

maaidorser
kombayn

oogsten
zad

oogst
zad

yam
petete

tarwe
genim

soja
fasolî

aardappel
petete

maïs
dexl

koolzaad
dindik

fruitboom
darê fêkî

maniok
sêvê bin erdê

graan
zad

huis
xanî

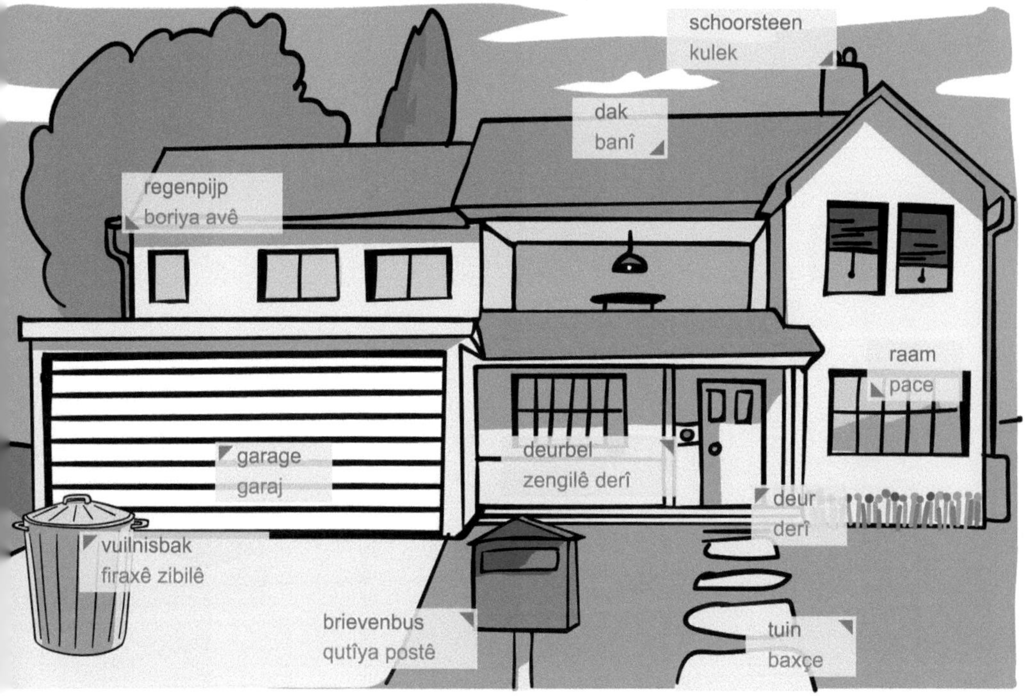
schoorsteen
kulek
dak
banî
regenpijp
boriya avê
raam
pace
garage
garaj
deurbel
zengilê derî
deur
derî
vuilnisbak
firaxê zibilê
brievenbus
qutîya postê
tuin
baxçe

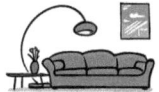

woonkamer

oda rûniştinê

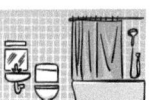

badkamer

hemam

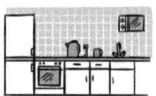

keuken

metbex

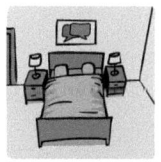

slaapkamer

oda xewê

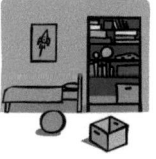

kinderkamer

odeya zarok

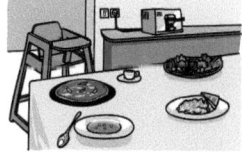

eetkamer

oda şîvê

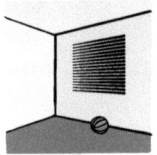

vloer

binî

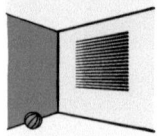

muur

dîwar

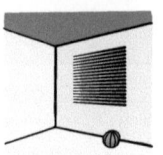

plafond

berban

kelder

xenzik

sauna

sauna

balkon

balkon

terras

berdanik

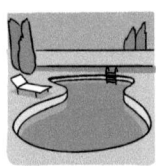

zwembad

hewza melevanî

grasmaaier

çîmen birr

dekbedovertrek

melhefe

dekbed

betanî

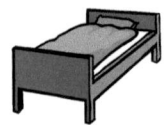

bed

nivîn

bezem

gezik

emmer

satil

schakelaar

kilîl

woonkamer
oda rûniştinê

behangpapier
kaxezê dîwar
foto
wêne
lamp
lampa
schap
ref
kast
dolab
televisie
telefîsiyon
open haard
agirdan
bloem
kulîlk
kussen
serîn
sofa
qenepe
vaas
guldank
afstandsbediening
kontrola dûr

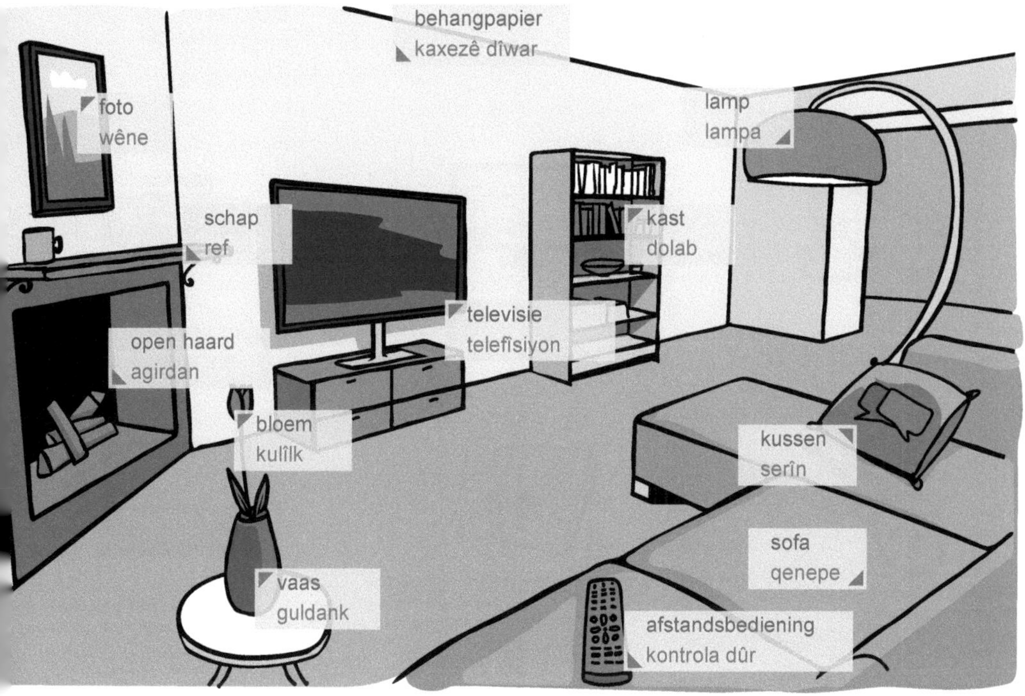

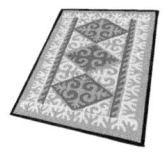

mat
xalîçe

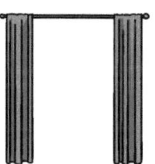

gordijn
perde

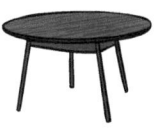

tafel
mêz

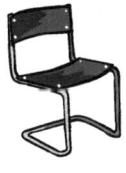

stoel
kursî

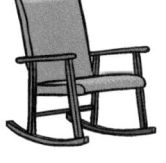

schommelstoel
kursiya hejanok

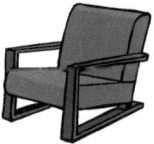

fauteuil
kursî

boek
pirtûk

deken
betanî

decoratie
xemilandin

brandhout
êzing

film
fîlm

stereo-installatie
hi-fi

sleutel
kilîl

krant
rojname

schilderij
nîgar

poster
poster

radio
radyo

notitieboekje
defter

stofzuiger
sivnika elektrîkî

cactus
kaktûs

kaars
mom

keuken
metbex

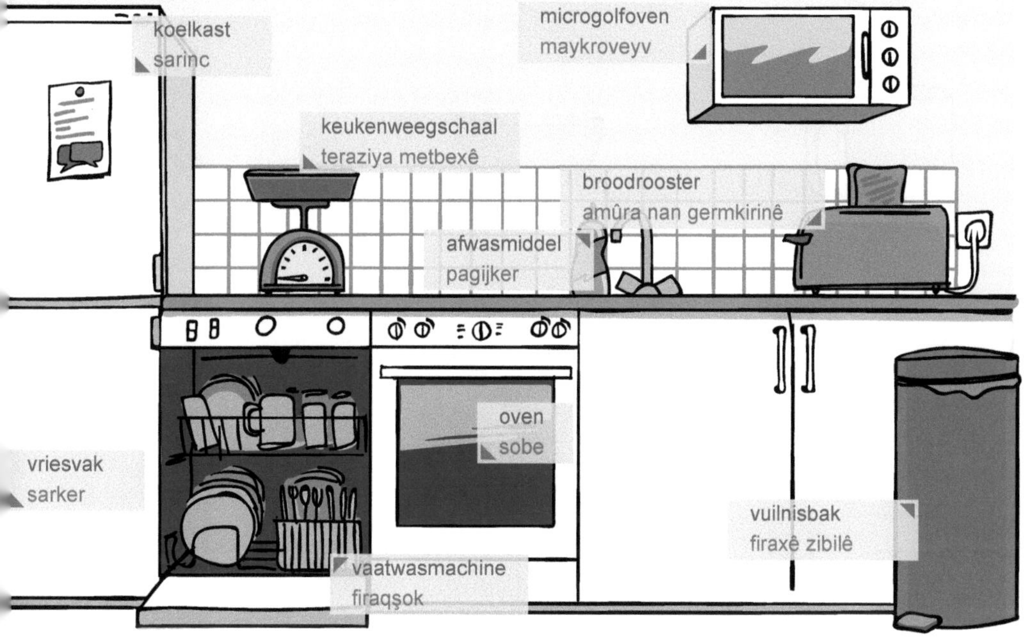
koelkast
sarinc
microgolfoven
maykroveyv
keukenweegschaal
teraziya metbexê
broodrooster
amûra nan germkirinê
afwasmiddel
pagijker
oven
sobe
vriesvak
sarker
vuilnisbak
firaxê zibilê
vaatwasmachine
firaqşok

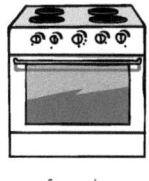

fornuis
sobe

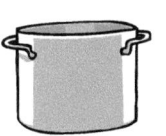

pot
aman

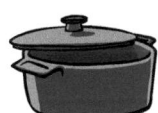

gietijzeren pot
amaê ûtû

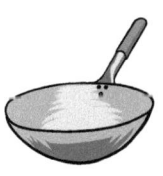

wok / kadai
firaqê mezin

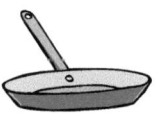

pan
dîzik

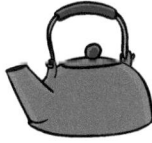

waterkoker
kelînk

stoomkoker

firaqê hilmê

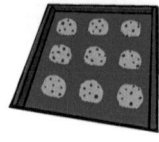

bakplaat

sênî nanê

servies

firaq

mok

piyale

kom

kasik

eetstokjes

darê nanxwarin

pollepel

hesk

spatel

kevçiya mezin

garde

rînek

vergiet

kefgîr

zeef

bêjing

rasp

rêşker

mortier

destar

barbecue

biraştin

haardvuur

agirê vala

snijplank

texteya birrînê

deegrol

darikê tîrê

kurkentrekker

devik badek

blik

qûtî

blikopener

qûtîvekir

pannenlap

cawê amanan

gootsteen

destşo

borstel

firçe

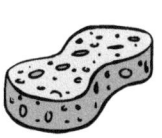

spons

parazoa

blender

tevdêr

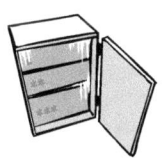

vriezer

sarkerê cemedî

papfles

şûşe bebikan

kraan

henefî

badkamer
hemam

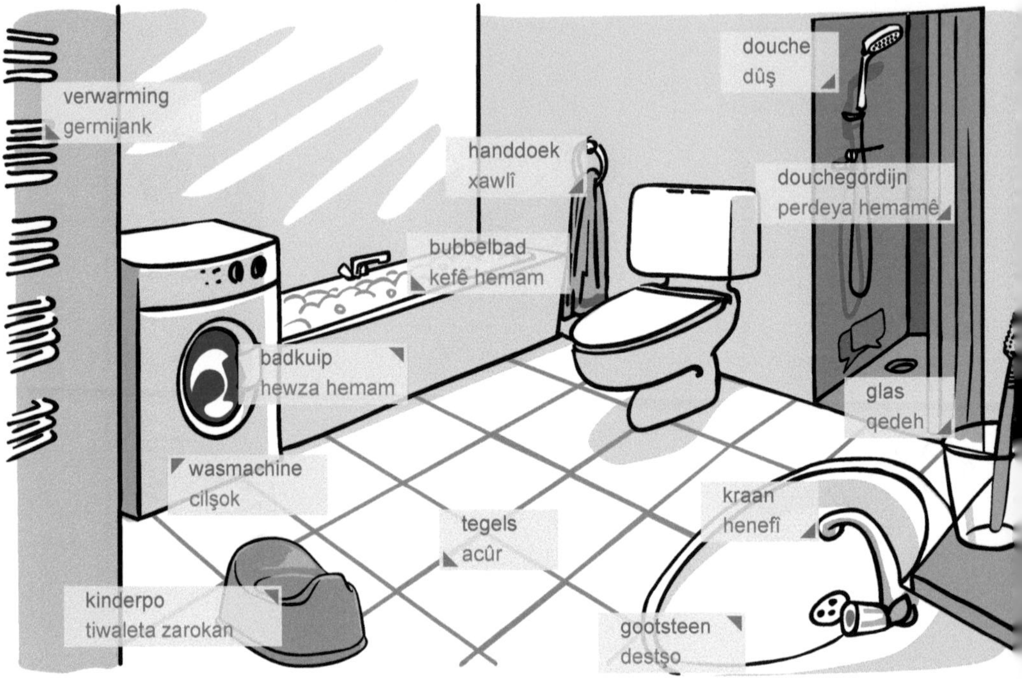

verwarming
germijank
handdoek
xawlî
douche
dûş
douchegordijn
perdeya hemamê
bubbelbad
kefê hemam
badkuip
hewza hemam
glas
qedeh
wasmachine
cilşok
kraan
henefî
tegels
acûr
kinderpo
tiwaleta zarokan
gootsteen
destşo

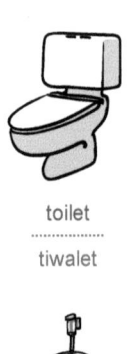

toilet

tiwalet

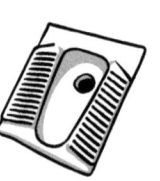

hurktoilet

tiwaleta erdê

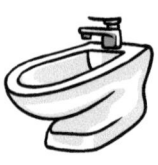

bidet

tiwalet

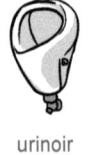

urinoir

avdestxana mêran

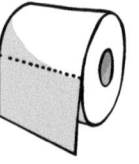

toiletpapier

kaxeza tiwalet

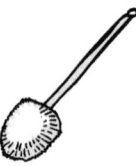

toiletborstel

firşeya tiwalet

tandenborstel

firçeya diran

tandpasta

mecûna diran

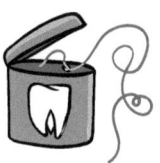

flosdraad

nexa didan

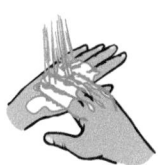

wassen

şûştin

handdouche

dûşê destê

bidethanddouche

dûş

waskom

destşo

rugborstel

firça pişt

zeep

sabûn

douchegel

cêlê hemam

shampoo

şampo

washandje

fanîle

afvoer

zêrab

crème

kirêm

deodorant

bêhn xweşkir

spiegel

mirêk

handspiegel

mirêka destê

scheermes

gûzan

scheerschuim

kefê teraşînê

aftershave

mecûna piştî teraşînê

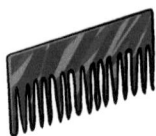

kam

şeh

borstel

firçe

haardroger

por hîşikkir

haarlak

sipraya porê

make-up

kozmetîk

lippenstift

soravk

nagellak

rengê nînok

watten

pembû

nagelknipper

meqesta nînok

parfum

parfûm

toilettas

çewalê hemamê

kruk

kursiya bêpişt

weegschaal

terazî

badjas

kinca hemamê

latex handschoenen

lepika lastîkê

tampon

tampon

maandverband

xawliya paqijkirinê

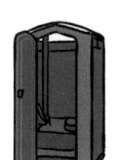

chemisch toilet

tiwaleta kîmîyewî

kinderkamer

odeya zarok

wekker
demjimêrk
knuffel
lîstok
speelgoedauto
maşîna lîstok
rammelaar
xişxişok
poppenhuis
mala lîstok
geschenk
xelat

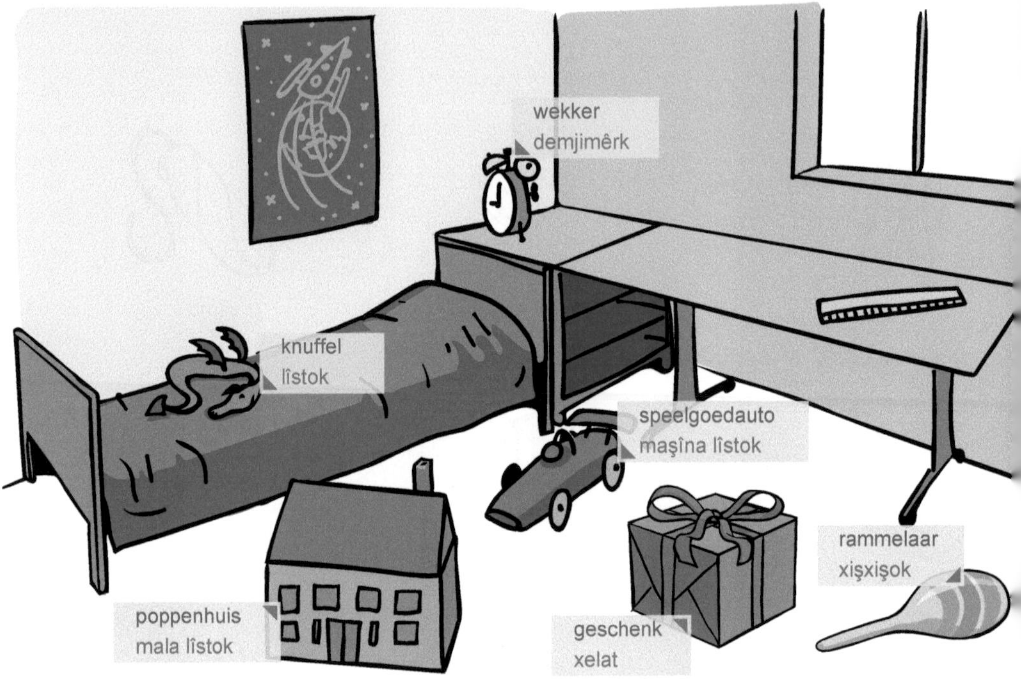

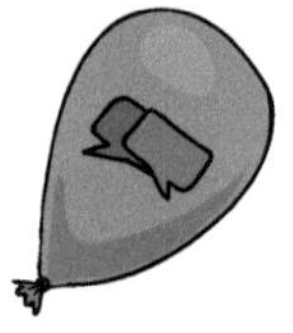

ballon

pifdank

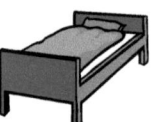

bed

nivîn

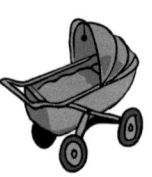

kinderwagen

koçk

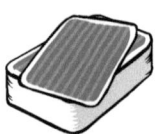

spel kaarten

lîstika kartê

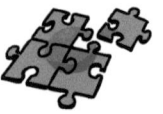

puzzel

frîzbî

stripboek

komîk

legoblokjes
acûra lêgo

blokken
acûra lîstok

actiefiguur
bûke şûşe

kruippakje
kinca bebikan

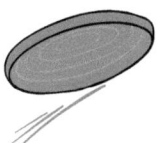

frisbee
frizbee

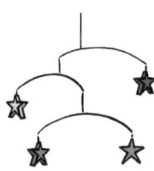

mobiel
veguhestin

bordspel
lîstikên texte

dobbelsteen
mor

modelspoorweg
modêla trênê

fopspeen
memik

feest
cejn

prentenboek
kitêba wêne

bal
top

pop
bûke şûşe

spelen
leyîstin

zandbak

kuna xîzê

schommel

colane

speelgoed

lîstokan

spelconsole

lîstika vîdeoyî

driewieler

sêçerxe

knuffelbeer

hirça lîstok

kleerkast

cildank

kleding
kinc

sokken

gore

kousen

gore

maillot

derpêgorê

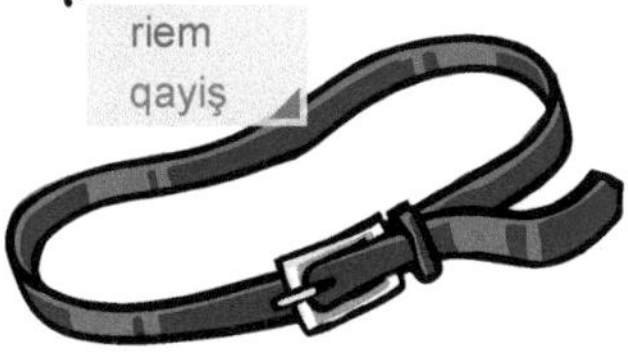

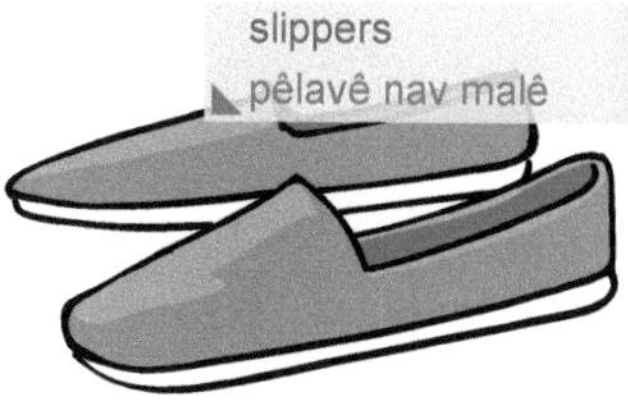

sjaal
şal

paraplu
çetir

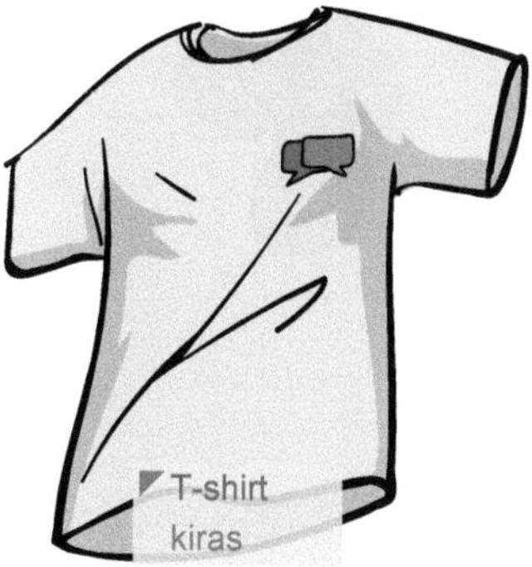

riem
qayiş

T-shirt
kiras

laarzen
şekal

slippers
pêlavê nav malê

sneakers
pêlav

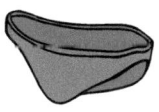		
sandalen	schoenen	rubberlaarzen
solik	sol	potîna çermê

onderbroek	beha	onderhemd
pantolê jêr	pêsîrbend	çekbend

lichaam

cendek

broek

pantol

jeans

jeans

rok

daman

blouse

kiras

hemd

kiras

trui

fanêle

capuchontrui

fanêle

blazer

cakêt

jas

sako

jas

çaket

regenjas

baranî

kostuum

lebas

jurk

fîstan

trouwjurk

cilê dawetê

pak
kostum

nachthemd
pêcame

pyjama
pêcame

sari
saree

hoofddoek
leçik

tulband
mêzer

boerka
hêram

kaftan
kaftan

abaya
eba

badpak
kinca ajnêkirin

zwembroek
cilka melevanî

short
şort

trainingspak
cila hêvojkarî

schort
pêşmal

handschoenen
lepik

knoop

dûgme

bril

berçavik

armband

bazin

ketting

gerdenî

ring

gustîl

oorbel

guhark

pet

devik

kapstok

hilavistek

hoed

kûm

das

kirawat

rits

zîp

helm

serparêz

bretellen

derzî

schooluniform

kinca dibistanê

uniform

yûnîform

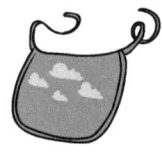

slabbetje

berdilk

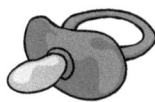

fopspeen

memik

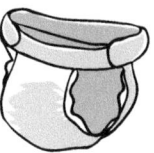

luier

pundax

kantoor

ofîs

server
pêşkeşker
dossierkast
dolabê belge
printer
çaper
papier
kaxez
monitor
nîşander
bureau
mase
muis
mişk
map
defter
toestenbord
klavye
papiermand
sepeta kaxezê
computer
komputer
stoel
kursî

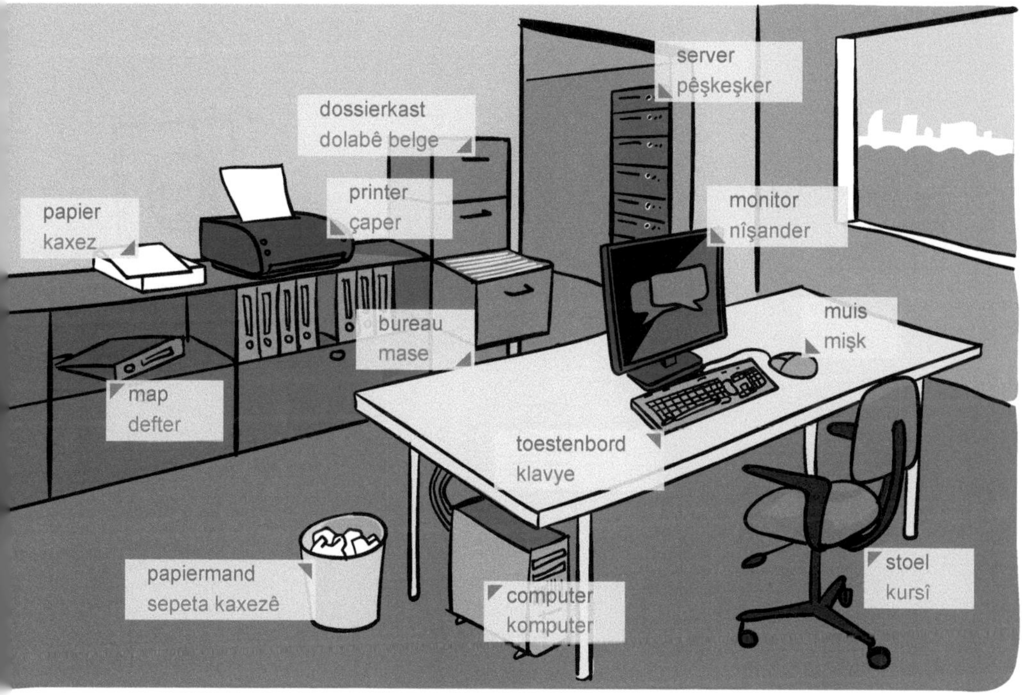

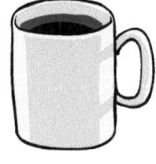

koffiemok

kasika qehwe

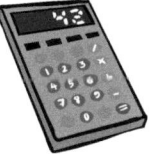

rekenmachine

hesabker

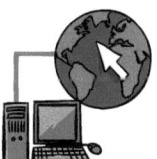

internet

înternet

laptop

komputera laptop

brief

name

bericht

peyam

gsm

telefona mobîl

netwerk

tor

kopieerapparaat

mekîna fotokopî

software

software

telefoon

telefon

stopcontact

socketa fîşek

fax

mekîna faxê

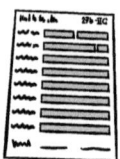

formulier

form

document

belge

kopen

standin

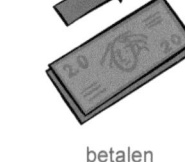

betalen

pere dan

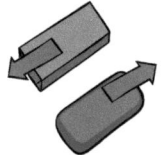

handelen

bazirganî

geld

pere

dollar

dollar

euro

yoro

yen

yenê Japonê

roebel

roblê Rûsî

Zwitserse frank

firankê Swîsê

Chinese renmInbi

yuanê Çînê

roepie

rûpee Hindî

geldautomaat

mekîna jixwebera dirav

wisselkantoor

ofîsa pere veguhartinê

goud

zêrr

zilver

zîv

olie

neft

energie

wize

prijs

biha

contract

peyman

belasting

tax

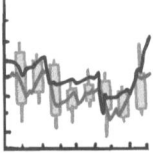

aandeel

seham

werken

karkirin

werknemer

karker

werkgever

karda

fabriek

fabrîka

winkel

dikan

beroepen
profesyon

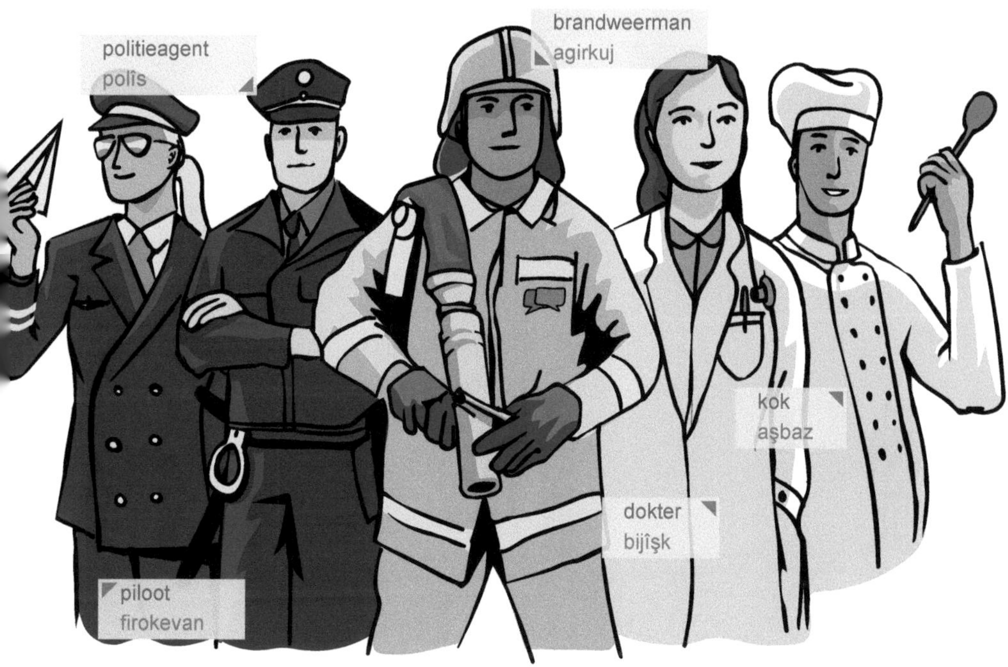

politieagent
polîs
brandweerman
agirkuj
kok
aşbaz
dokter
bijîşk
piloot
firokevan

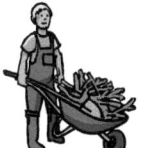

tuinman

baxçevan

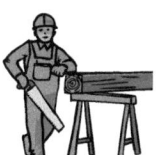

timmerman

necar

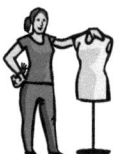

naaister

dirûnvan

rechter

hakim

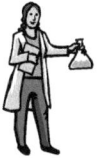

chemicus

şîmyazan

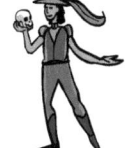

acteur

şanoger

buschauffeur

şufêrê basê

taxichauffeur

şufêrekî taksiyê

visser

masîvan

schoonmaakster

pagijker

dakdekker

çêkirê banî

ober

berkar

jager

nêçirvan

schilder

rengrês

bakker

nanpêj

elektricien

karebavan

bouwvakker

avaker

ingenieur

endezyar

slager

qesab

loodgieter

lûlekar

postbode

postevan

soldaat

esker

architect

mîmar

kassier

diravgir

bloemist

firotkara çîçekan

kapper

porçêker

conducteur

ajovan

mecanicien

mekanîk

kapitein

keştîvan

tandarts

pizîşka didanan

wetenschapper

zanistyar

rabbijn

rûhan

imam

îmam

monnik

keşe

geestelijke

keşîş

werktuigen

amûran

hamer
çekûç
tang
mûçîng
schroevendraaier
cerbader
schroefsleutel
açer
zaklamp
dara çira

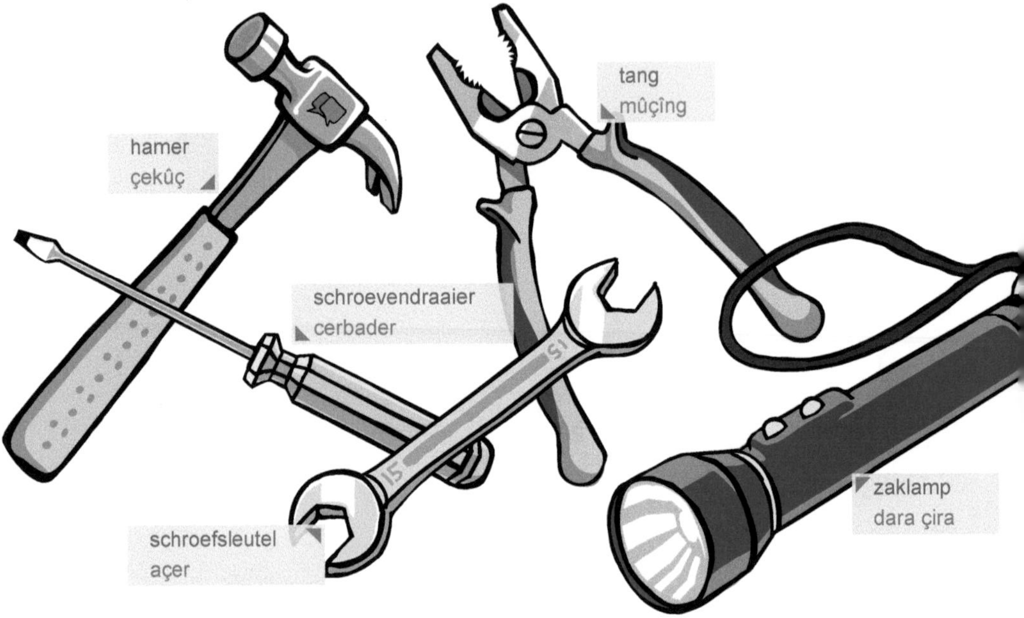

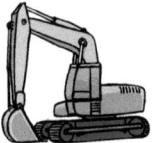

graafmachine

şofel

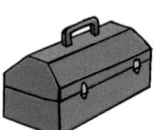

gereedschapskoffer

qûtiya amûran

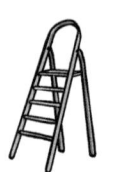

ladder

peyje

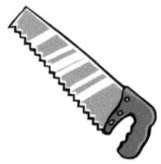

zaag

mişar

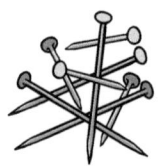

spijkers

mîx

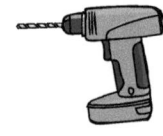

boormachine

qulkirin

repareren
çêkirin

schop
merbêr

Verdomme!
nalet!

blik
bêl

verfpot
qûtiya rengê

schroeven
cerr

muziekinstrumenten
amûrên mûzîkê

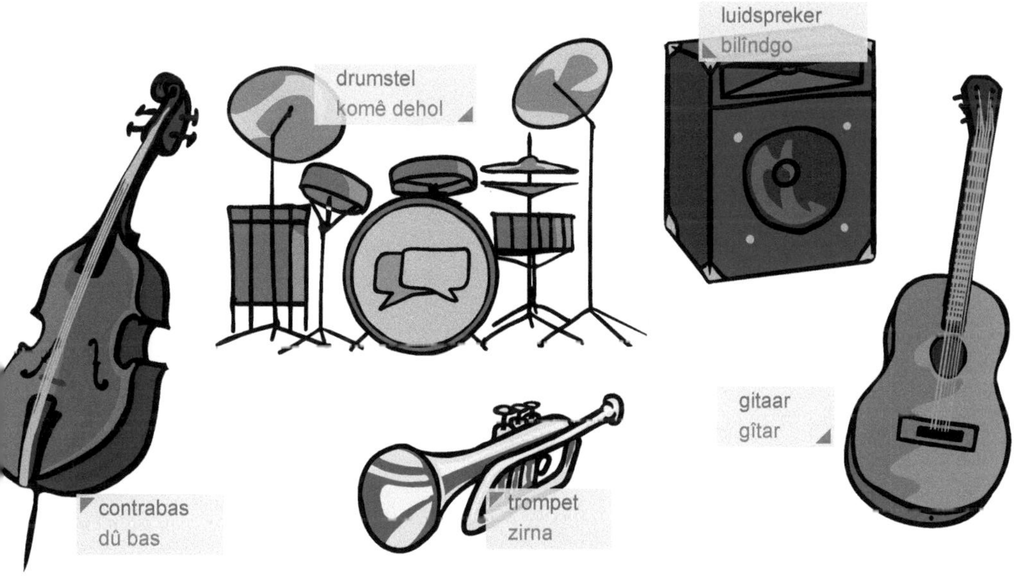

luidspreker
bilîndgo

drumstel
komê dehol

contrabas
dû bas

trompet
zirna

gitaar
gîtar

piano
piyano

viool
viyolîn

basgitaar
bas

pauk
dehol

trommels
dahol

keyboard
keyboard

saxofoon
saksofon

fluit
bilûr

microfoon
mîkrofon

zoo

baxça heywanan

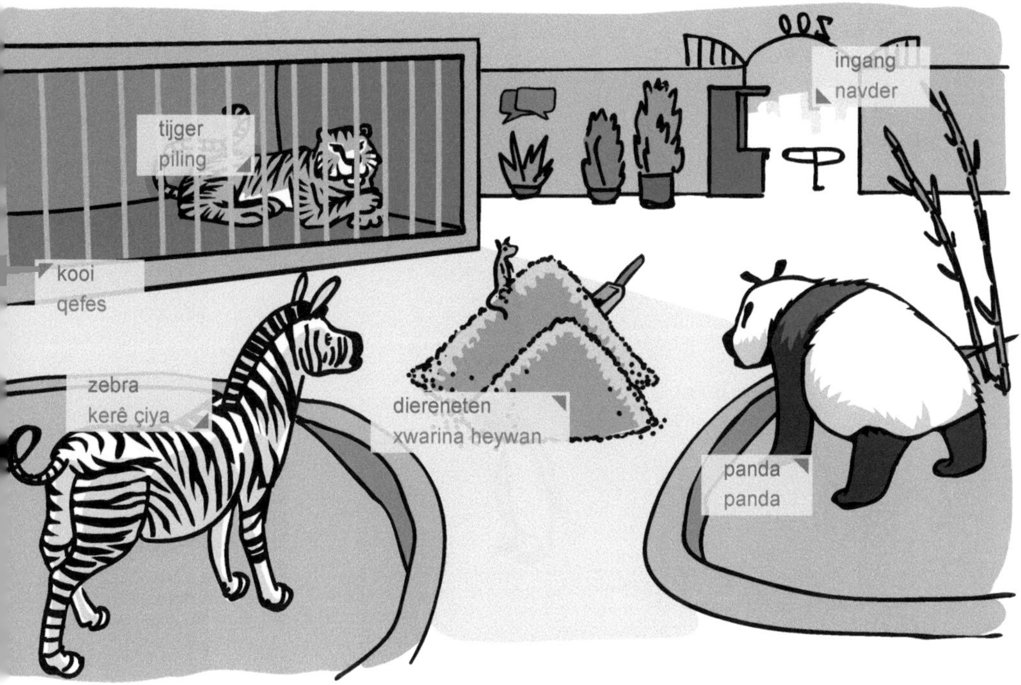

ingang
navder
tijger
piling
kooi
qefes
zebra
kerê çiya
diereneten
xwarina heywan
panda
panda

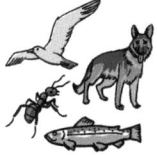

dieren

heywan

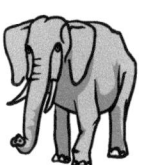

olifant

fîl

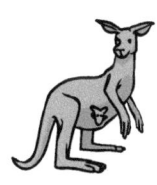

kangoeroe

kangarû

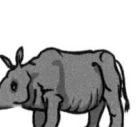

neushoorn

kerkeden

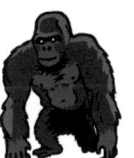

gorilla

gorîl

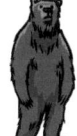

beer

hirç

kameel

hêştir

struisvogel

hêştirme

leeuw

şêr

aap

meymûn

flamingo

flamîngo

papegaai

papaxan

ijsbeer

hirça cemserî

pinguïn

penguîn

haai

semasî

pauw

tawûs

slang

mar

krokodil

timsah

dierenverzorger

parêzera baxça ajalan

zeehond

seya derya

jaguar

piling

pony

hesp

luipaard

piling

nijlpaard

hespê rûbar

giraffe

canhêştir

adelaar

helo

wild zwijn

berazê kovî

vis

masî

zeeschildpad

kûsî

walrus

walras

vos

rovî

gazelle

xezal

rugby
fûtbolê Amerîka

wielrennen
bisiklêtan

tennis
tenîs

basketbal
baskêtbol

zwemmen
avjenîkirin

boksen
boxing

ijshockey
hokeya ser cemedê

voetbal
....
fûtbol

badminton
....
badminton

atletiek
....
yê atletîzmê

handbal
....
hendbol

skiën
....
befirajotin

polo
....
polo

springen
hilpeke

knuffelen
hembêz

lachen
kenîn

wandelen
birêveçûn

zingen
lawje gutin

dromen
xewn dîtin

bidden
nimêj kirin

kussen
maçkirin

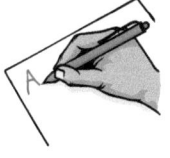

schrijven
nivîsandin

tekenen
nîgar kêşan

tonen
nîşan dan

duwen
paldan

geven
dayîn

nemen
rakirin

hebben
heyîn

doen
kirin

zijn
bûn

staan
sekinîn

lopen
bazdan

trekken
kişandin

gooien
avêtin

vallen
ketin

liggen
derew kirin

wachten
sekinîn

dragen
guhêztin

zitten
rûniştin

aankleden
cil berkirin

slapen
razan

ontwaken
rabûn

kijken naar

mêze kirin

wenen

girîn

aaien

celte

kammen

şe kirin

praten

peyvîn

begrijpen

famkirin

vragen

pirskirin

luisteren

bihîstin

drinken

vexwarin

eten

xwarin

opruimen

kom kirin

houden van

hezkirin

koken

xwarin çêkirin

rijden

ajotin

vliegen

firrîn

activiteiten - çalakiyan

zeilen

kesştîvanî

rekenen

hesibandin

Lezen

xwandin

leren

hînbûn

werken

karkirin

trouwen

zewicîn

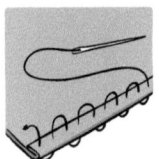

naaien

dirûtin

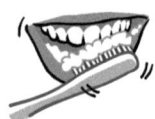

tandenpoetsen

didan şûtin

doden

kuştin

roken

dûxan

sturen

şandin

familie
malbat

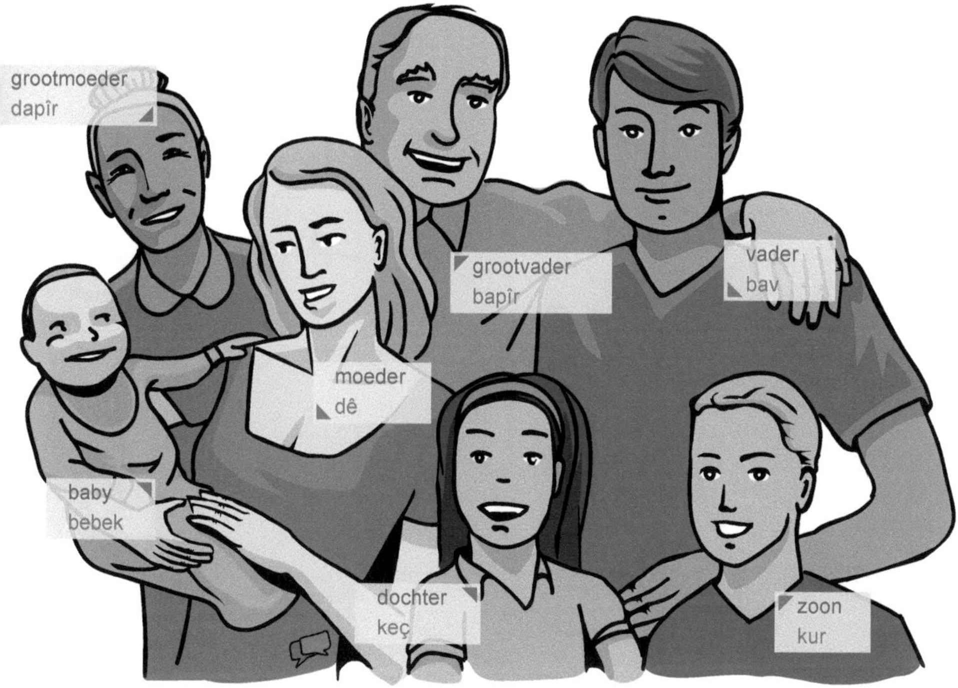
grootmoeder
dapîr
grootvader
bapîr
vader
bav
moeder
dê
baby
bebek
dochter
keç
zoon
kur

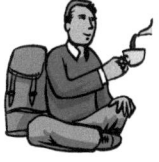

gast
mêvan

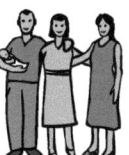

tante
met

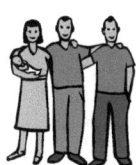

oom
ap/xal

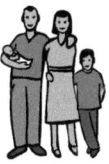

broer
bira

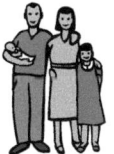

zus
xwişl

lichaam

beden

voorhoofd
enî
oog
çav
schouder
mil
vinger
tilî
gezicht
rû
kin
zenî
hand
dest
been
ling
borst
sîng
arm
pîl

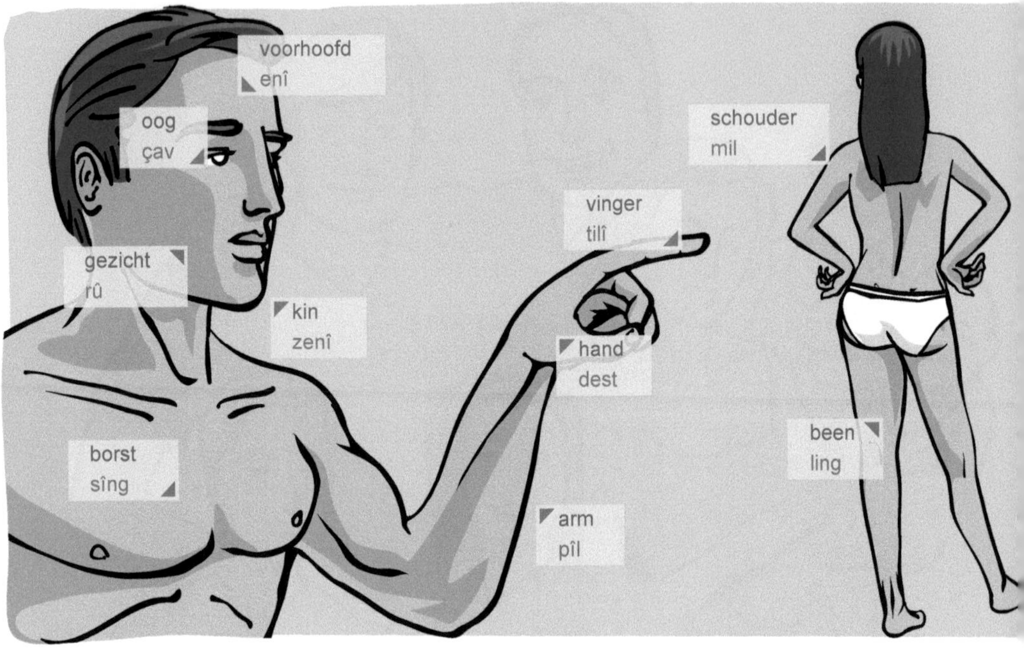

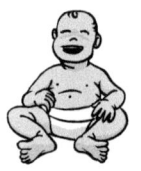

baby

bebek

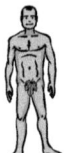

man

mêr

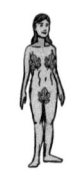

vrouw

jin

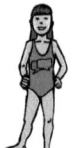

meisje

keç

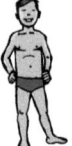

jongen

kor

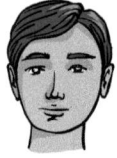

hoofd

ser

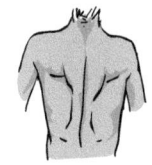

rug

pişt

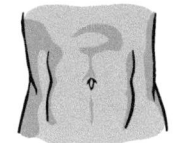

buik

zik

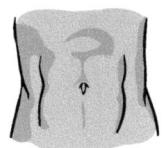

navel

navik

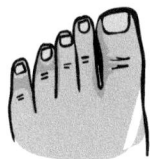

teen

tilîya pê

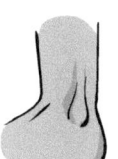

hiel

panî

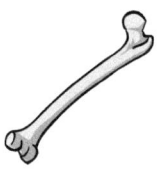

bot

hestî

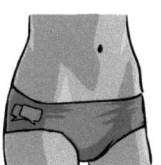

heup

kûlîmek

knie

jûnî

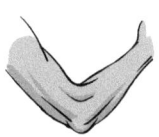

elleboog

enîşk

neus

difn

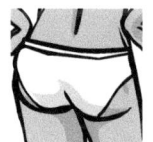

zitvlak

qûn

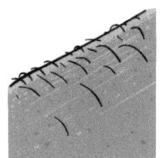

huid

çerm

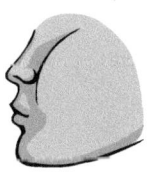

wang

rû

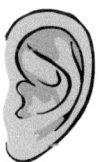

oor

gûh

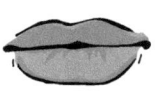

lip

lêv

mond
dev

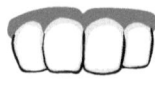

tand
diran

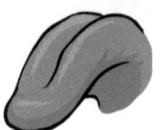

tong
ziman

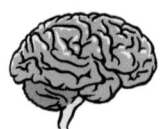

hersenen
mêjî

hart
dil

spier
masûl

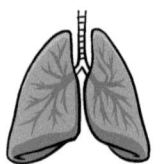

long
cîgera spî

lever
ceger

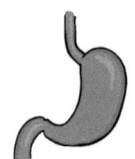

maag
made

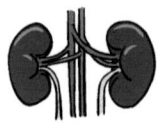

nieren
gûrçikan

seks
cotbûn

condoom
kondom

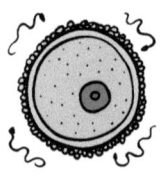

eicel
hêk

sperma
tov

zwangerschap
dûcanî

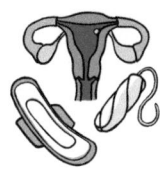

menstruatie
ade

vagina
qûz

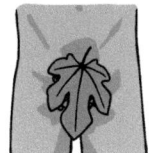

penis
kîr

wenkbrauw
birû

haar
por

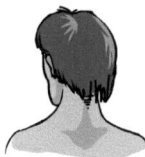

nek
hûstû

ziekenhuis
nexweşxane

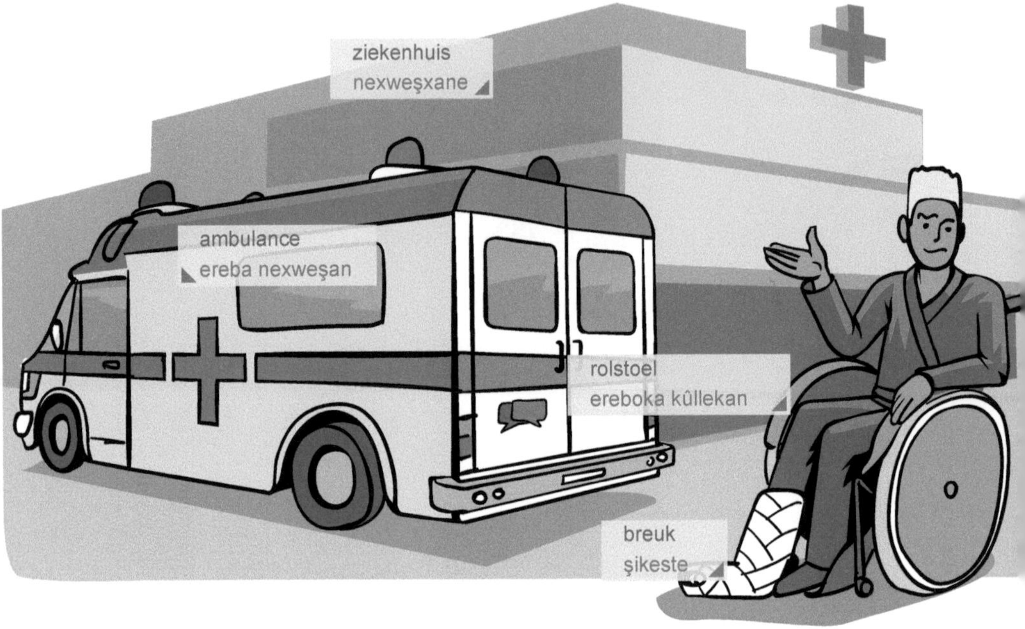

ziekenhuis
nexweşxane
ambulance
ereba nexweşan
rolstoel
ereboka kûllekan
breuk
şikeste

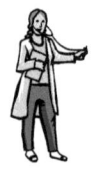

dokter
bijîşk

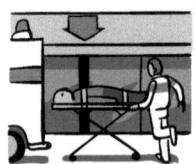

spoed
oda lezgînê

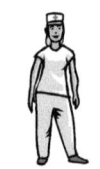

verpleegkundige
nexweşyar

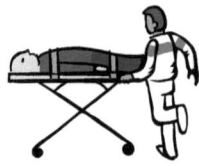

noodgeval
acîlîyet

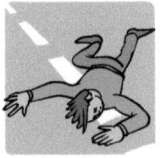

bewusteloos
bêhay

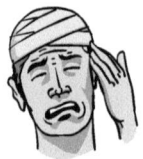

pijn
êş

verwonding
birîn

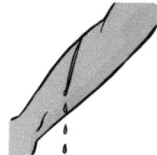

bloeding
xwînpijan

hartaanval
hêrişa dilî

beroerte
celte

allergie
alerjî

hoest
kuxik

koorts
ta

griep
zikam

diarree
navçûyin

hoofdpijn
serêş

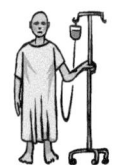

kanker
qansêr

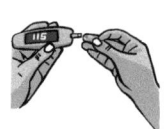

diabetes
nexweşiya şekirê

chirurg
emelîkar

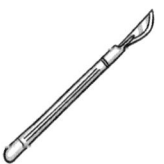

scalpel
skalpêl

operatie
emelî

CT

CT

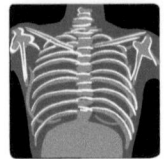

röntgenstraal

sûretê rontgên

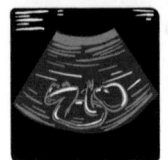

ultrageluid

ûltrasawnd

gezichtsmasker

maskê rûyê

ziekte

nexweşî

wachtkamer

oda sekinînê

kruk

goçan

pleister

şêl

verband

paçê birînpêçanê

injectie

derzî

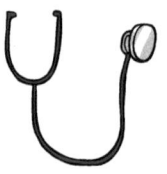

stethoscoop

bîstoka pizîşkî

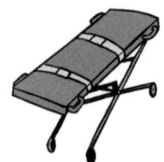

brancard

darbest

thermometer

têhnpîva klînîkê

geboorte

zayîn

overgewicht

qelew

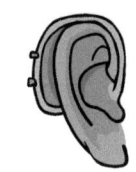

hoorapparaat

alîkariya bihîstinê

ontsmettingsmiddel

bakterîkuj

infectie

kotîbûn

virus

vîrûs

HIV / AIDS

HIV / AIDS

medicijn

derman

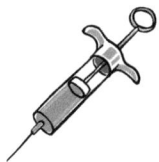

vaccinatie

kutan

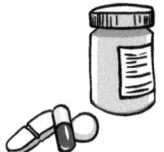

tabletten

heban

pil

heb

noodoproep

lezgîn

bloeddrukmeter

dîmenderê pesto xwîn

ziek / gezond

nexweş / sax

Help!	alarm	overval
Hewar!	alarm	êrîş

aanval	gevaar	nooduitgang
êrîşkirin	talûk	derketina acil

Brand!	brandblusser	ongeval
agir!	agir vemirandinê	qeza
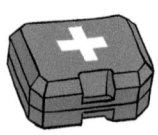		
EHBO-kit	SOS	politie
aletên alîkariya yekem	SOS	polîs

Europa

Ewropa

Noord-Amerika

Amerîkaya Bakûr

Zuid-Amerika

Amerîkaya Başûr

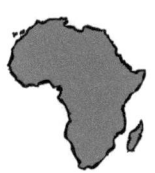

Afrika

Afrîka

Azië

Asya

Australië

Awustralya

Atlantische Oceaan

Atlantîk

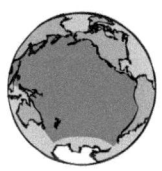

Stille Oceaan

Okyanûsa Mezin

Indische Oceaan

Okyanûsa Hindî

Antarctische Oceaan

Okyanûsa Antarktîka

Arctische Oceaan

Okyanûsa Arktîk

Noordpool

Cemsera Bakûr

Zuidpool

Cemsera Başûr

Antarctica

Antarktîka

aarde

erd

land

ax

zee

behir

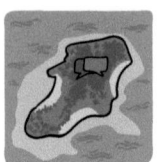

eiland

dûrge

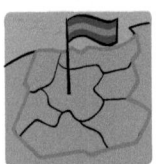

natie

milllet

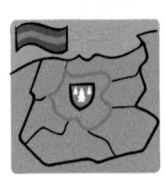

staat

welat

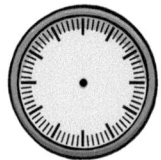

wijzerplaat

rûyê saet

uurwijzer

nişanderka demjimêr

minuutwijzer

nişanderka deqe

secondewijzer

nişanderka saniye

Hoe laat is het?

Seet çende?

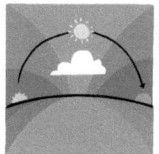

dag

roj

tijd

dem

nu

niha

digitale horloge

saetê dicîtal

minuut

deqe

uur

seet

week

hefte

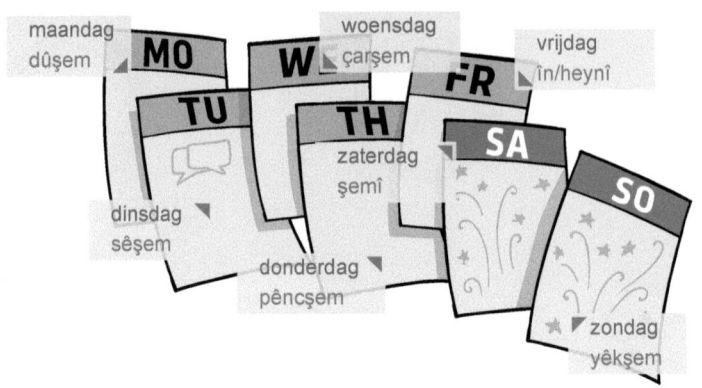

maandag
dûşem

woensdag
çarşem

vrijdag
în/heynî

zaterdag
şemî

dinsdag
sêşem

donderdag
pêncşem

zondag
yêkşem

gisteren

duh

vandaag

îro

morgen

sibey

ochtend

sibe

middag

nîvro

avond

êvar

werkdagen

rojên karê

weekend

dawiya hefte

jaar
sal

regen
baran
regenboog
keskesor
wind
ba
sneeuw
befir
lente
bihar
herfst
payîz
zomer
havîn
winter
zivistan

4.APRIL 11°
5.APRIL 4°
6.APRIL 13°
7.APRIL 8°
8.APRIL 10°

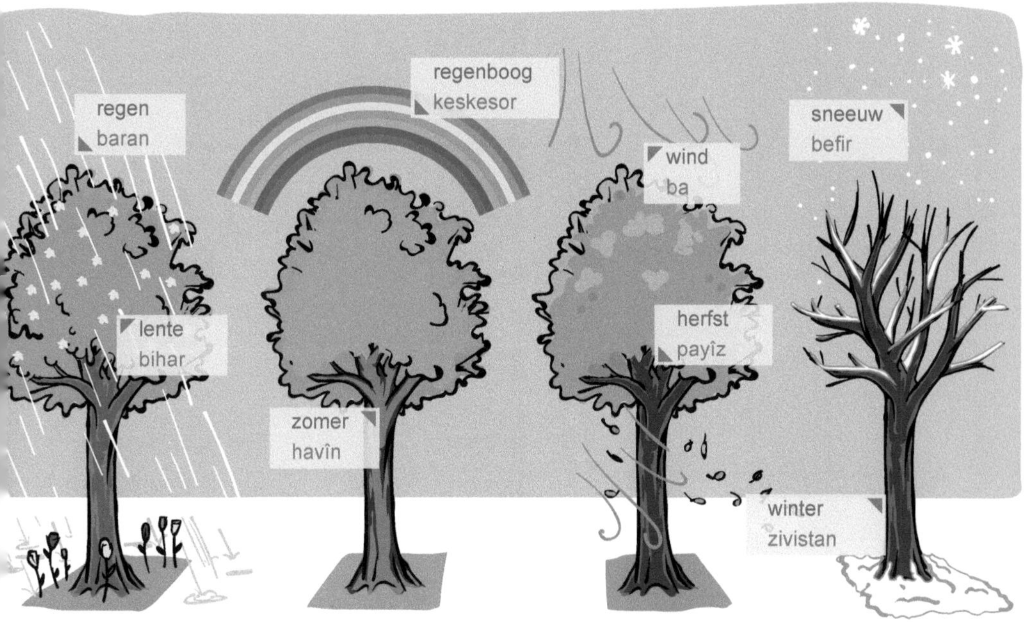

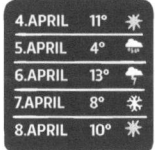

weervoorspelling
pêşbîniya hewa

F C
120 40
90 30
60 20
30 10
0 0
-30 -10
-20

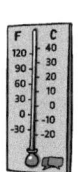

thermometer
tehnpîv

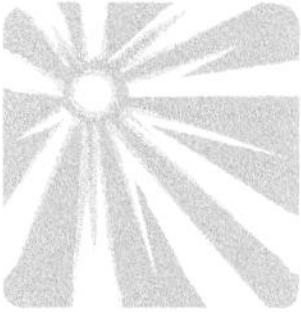

zonneschijn
tav

wolk
hewr

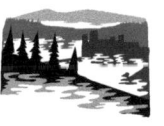

mist
mij

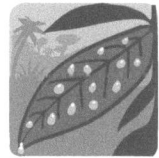

vochtigheid
hêmî

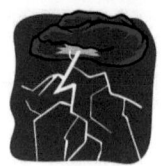

bliksem

birq

donder

brûsk

storm

tofan

hagel

terg

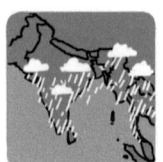

moesson

mansûn

overstroming

lehî

ijs

cemed

januari

rêbendan

februari

reşeme

maart

newroz

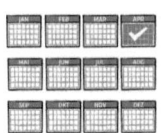

april

gulan

mei

cozerdan

juni

pûşper

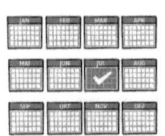

juli

gelawêj

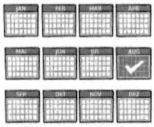

augustus

xermanan

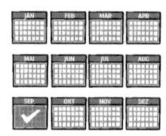

september
....
rezber

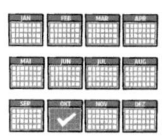

oktober
....
kewçêr

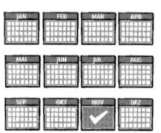

november
....
sermawez

december
....
befranbar

vormen
şêwe

cirkel
....
çember

kwadraat
....
çarçik

rechthoek
....
çarqozî

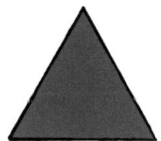

driehoek
....
sêqozî

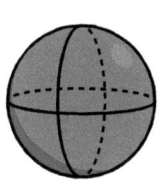

bol
....
qada

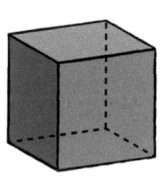

kubus
....
xiştek

wit

sipî

geel

zer

oranje

pirteqalî

roze

pembe

rood

sor

paars

mor

blauw

şîn

groen

kesik

bruin

qehweyî

grijs

gewr

zwart

reş

veel / weinig
....
zor / kêm

boos / kalm
....
bi hêrs / bêdeng

mooi / lelijk
....
bedew / nerind

begin / einde
....
destpêk / dawî

groot / klein
....
mezin / biçûk

licht / donker
....
ronî / tarî

broer / zus
....
brak / xwişk

proper / vuil
....
pagij / girêj

volledig / onvolledig
....
tevî / netemam

dag / nacht
....
roj / şev

dood / levend
....
mirî / zindî

breed / smal
....
fire / teng

eetbaar / oneetbaar

xweş / nexweş

kwaadaardig / vriendelijk

nebaş / baş

opgewonden / verveeld

bi heyecan / aciz

dik / dun

qelew / zirav

eerst / laatst

yekemîn / dawîn

vriend / vijand

heval / dijmin

vol / leeg

tijî / vala

hard / zacht

req / nerm

zwaar / licht

giran / sivik

honger / dorst

birçî / tînî

ziek / gezond

nexweş / sax

illegaal / legaal

neqanûnî / qanûnî

intelligent / dom

rewşenbîr / balûle

links / rechts

çep / rast

dichtbij / veraf

nêzî / dûr

nieuw / gebruikt

nû / bikarhatî

niets / iets

hîç / tiştek

oud / jong

kal / ciwan

aan / uit

li / ji

open / dicht

vekirî / girtî

stil / luid

aram / dengbilind

rijk / arm

dewlemend / reben

juist / fout

rast / şaş

ruw / glad

dirr / hilû

droevig / blij

xemgîn / şa

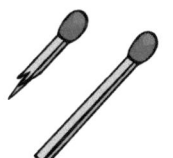

kort / lang

kurt / dirêj

traag / snel

hêdî / zû

nat / droog

şil / ziwa

warm / koud

germ / hênik

oorlog / vrede

şerr / aşitî

0	**1**	**2**
nul	één	twee
sifir	yek	dû

3	**4**	**5**
drie	vier	vijf
sê	çar	pênc

6	**7**	**8**
zes	zeven	acht
şeş	heft	heşt

9	**10**	**11**
negen	tien	elf
neh	deh	yazde

12

twaalf

dazde

13

dertien

sêzde

14

veertien

çarde

15

vijftien

pazde

16

zestien

şazde

17

zeventien

hefde

18

achtien

hejde

19

negentien

nozdeh

20

twintig

bîst

100

honderd

sed

1.000

duizend

hezar

1.000.000

miljoen

milyon

Talen
zimanan

Engels

Inglîzî

Amerikaans Engels

Inglîziya Amerîkî

Chinees (Mandarijn)

Çînî Mandarîn

Hindi

Hindî

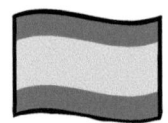

Spaans

Îspanyolî

Frans

Frensî

Arabisch

Erebî

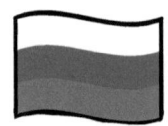

Russisch

Rûsî

Portugees

Portugalî

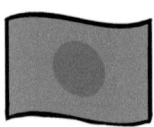

Bengali

Bengalî

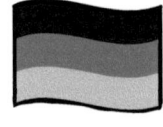

Duits

Elmanî

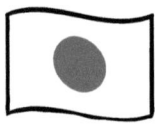

Japans

Japonî

ik
....
min

u
....
tu

hij / zij / het
....
ew / ev / ew

wij
....
em

u
....
tu

ze
....
ew

wie?
....
kî?

wat?
....
çi?

hoe?
....
çawa?

waar?
....
kû?

wanneer?
....
kengî?

naam
....
nav

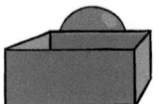

achter

piştî

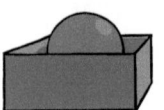

in

li

voor

pêşî

boven

ser

op

ser

onder

bin

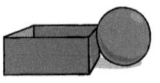

naast

kêlek

tussen

navber

plaats

cih